AF548870

ELSINOR
VERLAG

Petra Fietzek

Der Fluss Die Stille

Gedichte

Elsinor

Bibliografische Information der Deutschen Nationalbibliothek
Die Deutsche Nationalbibliothek verzeichnet diese Publikation in der Deutschen Nationalbibliografie; detaillierte bibliografische Daten sind im Internet über www.dnb.de abrufbar.

1. Auflage 2023

Umschlag und Satz: Elsinor Verlag, Coesfeld
Abbildung auf dem Umschlag:
© iStockphoto.com/givagae

Printed in Germany
ISBN 978-3-942788-80-9

INHALT

I

Im Nichtwissen Im glücklichen Sein

Thymian in kleinen Töpfen
auf rostigen Gestellen
Lavendelbüsche und Rosen
in alten Beeten
Staubsauger surren leise
durch offene Fenster des Hotels

Sonne bedeckt sich mit weißen Wolken
Im Cappuccino schaukelt träge ein Herz

Das Gartencafé eine Insel
im Kriegsentsetzen
im Pandemiechaos
in Umweltängsten

Bewahrungsort jenes Friedens
der sich entfächert duftet blüht
als gäbe es nur ihn

Im Zug durch die Hügellandschaft
und solch diffuse Dankbarkeit
dass der Blick schweifen kann
über Felder mit wogendem Getreide
über Zäune Ställe und knieende Höfe
mit rotbraunen Schindeldächern
Kühe satt im Weidegras

So unbelastet von Schlagzeilen und Hashtags
wieder mal das Versprechen gegeben
mit der Natur nicht nur zu flirten
sondern endlich endgültig auf Augenhöhe
und Arm in Arm zu sein

Äste der Sträucher winken im Sommerwind
Wolken haben keinen Schmerz

Durchs Zugfenster das Versprechen geschickt
aus Liebe zum Malerischen da draußen
aus Liebe zu allem sattgrünen Sein

Nachts hupen die Lastwagen
mit langgezogenem Geheul
wenn sie auf die Frachtkähne
aus Übersee geladen werden
Signale aus der weiten Welt

Wir rollen aneinander
im Wohnmobil
schlafen wie Murmeltiere

Anderntags kämmen die Kinder
ihre flatternden Haare im Wind
Das Meer rauscht gleichgültig

Wir fühlen uns geborgen
in dieser kleinen Bucht
mit ihren sandigen Armen
und grauen Felsfüßen

Wir kommen nicht dazu
Gedanken zu hegen
die nach Versäumnis klingen
nach Zeitplan und Verlangen

Als wir aufbrechen
zertreten die Kinder Treibholz
werfen es zornig ins Meer

Es war zeitgenössische Musik
die im WDR vom Rundfunkorchester
an einem Sommertag uraufgeführt wurde

Ich saß mitten im Publikum
Minuten später in einem Hafen
Metallene Fässer wurden gerollt
Möwen kreischten unverschämt
Eisenketten schepperten auf Asphalt
Es roch nach Algen Öl und Fisch
Schwere Schleppkähne zogen heran
Wasser klatschte monoton gegen Kaimauern

Ich weiß nicht ob ich beim Hören
die Augen geschlossen hielt
Ich weiß nur noch dass ich mich wunderte
dass es auf dem Platz vor dem Sendehaus
so still war so banal und Menschen liefen
als sei nichts geschehen

Der Mann lebt in seinem Laden
vollgestopft mit Büchern Lampen
Glas und Geschirr
Sein Lederstuhl mit rostrotem Sitz
aus der Jugendstilzeit
Von grauen Boxen klingt Chopin

Die Ladentür steht meist offen
Selten kommt jemand herein

Morgens ein Croissant
Mittags eine Suppe
Abends Käsebrote und Äpfel

Der Mann schließt die Ladentür
zieht sich in sein Schlafzimmer
hinter dem Laden zurück

Wenn Kundschaft kommt
ist er freundlich
Wenn niemand kommt auch

Manchmal setzt er sich
vor den Laden
schaut tuckernden Dampfern
auf dem Fluss zu
Manchmal füttert er Spatzen

Wenn Dampfer nach ihm rufen
winkt er ab
Neulich flog ein Spatz in den Laden
durfte bleiben

Sterntaler hielt ihre Schürze auf
und tausend Sterne brausten hinein
versammelten sich im Stoff
verwandelten sich zu Gold

Als du deine Schürze aufhieltest
flogen Herbstblätter hinein
an ihren Rändern zerfleddert
an ihren Adern zerfleddert
doch filigran

Beim nächsten Mal
war deine Schürze voll Rosenblüten
Der Duft verwischte
all deine törichten Gedanken
in einer einzigen köstlichen Woge

Im Risiko leben
im Nichtwissen
im Hinhalten des Sammelbeckens
für Sterne Blätter Rosenblüten
all die Kleidung glücklichen Seins

Sich einer neuen Gegend anvertrauen
in der alles unvertraut ist
Bäume nicht darauf gewartet haben
Begleiter zu werden geschweige denn
Tröster eines verweinten Herzens

Sich anvertrauen den Gerüchen des Tages
den Geräuschen der Nacht
und all den Übergängen
zwischen Finden und Behalten
Sich die Augen reiben
die müde werden vom Entdecken
als ob sie sich wunderten
immer noch nicht alles gesehen zu haben

Sich der neuen Gegend überlassen
dem Rascheln in den Pappeln
den fernen Rufen vom Sportplatz
dem Lied des Wagens vom Schrotthändler

Sich auf den Teppich im Wohnzimmer legen
sich ausbreiten auf vertrautem Muster
wie im Trost eines Kinderreims

Ich lehne mich an die Stille
Sie wartet in der Abteikirche
Das Stundengebet taktet ruhig

Draußen scheint gleißend Sonne
aufs Kopfsteinpflaster
Schwalben sirren am Himmel

Ich setze mich auf einen Stein
Ameisen schleppen Gräser
In der Ferne ein Mähdrescher

So wächst sich's ins Genügen
eines schlichten Tages
ohne Dramatik
ohne Lärm von grausamen Bildern
und Glaubenssätzen

Der Fluchthafen hat seine Tore
weit geöffnet empfängt seine Gäste
ohne zu fragen warum sie kommen

Sie schleppen sich herbei
müde ausgelaugt überfordert
voll Schmerzen an Körper und Seele
lieblos sich selbst gegenüber

Der Fluchthafen ist ihr Auftankort
mit milden Temperaturen
milden Farben milden Düften
milden Klängen

Manche sitzen stundenlang
schauen aufs perlende Wasser
Manche ruhen auf Liegen
kleingekrümmt wie Embryos

Jemand schenkt
jemandem einen Fluchthafen
schenkt Erbarmen und Stille
irgendwann Farbe ins blasse Gesicht

Nicht weit weg und doch eine passende Strecke
um sich vom Gewohnten zu trennen
von Rosen und Ranunkeln vielleicht

Die Augen mit völlig anderen Bildern sättigen
und wenn es die Bruchsteinmauer eines Dorfes ist
selbstgemachte Marmelade auf der Holzkiste
am Straßenrand mit Sträußen daneben

Sich am eiskalten Pool in die Sonne setzen
Mit den Augen satte Landschaft überfliegen
Sommervogel sein mit bunten Schwingen

Gar nicht weit weg wie in völlig anderem Land
mit seinen Vintage-Geschichten
die sich ahnungslos mit meinen verweben

Der Weg hinterm Haus war eine alte Allee
Aufgeplatzter Asphalt vom starken Wurzelwerk
Gräser mit feinen Rispen
Buschwerk rechts und links
Grasende Kühe auf einer Wiese
Stacheldraht
Schattengitter schwarz

Ich war jung auf dem Weg im grünen Dom
spürte Unterwegssein und Behütetsein
Mein Herz klopfte verzückt

Jahre später wurde diese Allee
heilsames Pflaster
auf meinem wunden Herzen

Ich stand entwurzelt am Eingang
atmete das Lichtspiel in den alten Ästen
Grün und Gelb und Braun
lauschte dem Tuscheln hoher Gräser
lauschte ins Windrad vergangener Zeit

II

Es brennt die Welt

Dieses Schreiben
während andernorts Bomben fallen
Menschen auf der Flucht sind
Befehle den letzten Rest
von Menschenwürde zerstückeln

Dieses Schreiben
in seinen mickrigen Kostümierungen

Die Sonne hinter dem Horizont
zu ergreifen ist zu früh
Zu spät Unkenrufe
unüberhörbar zu machen

Dieses Schreiben
ein Pinselstrich
in den tobenden Schattenspielen
der krisengeschüttelten Welt

Wir haben zu lange zu ungenau geschaut
Wir waren zu vertrauensselig
als ob man uns nie in Trainingslager
von Schulhöfen geschickt hätte
nie in Trainingslager von Pubertät
und Wechseljahren

Es gibt Geschichten die sich langsam
unter den Erdkrumen entlang schieben
und unterirdische Mäusegänge streifen
Sie schnellen irgendwann ans Tageslicht
Alle fragen sich woher sie so plötzlich kommen
Da lachen die Geschichten grell und schadenfroh

Wir haben die Geschichten nicht wahrgenommen
Nicht die Erhebungen verfolgt in den Erdspuren
und wenn dann haben wir sie falsch gedeutet
als Mäuseversuche als Spielereien
unbedeutend freundlich harmlos

Eigentlich willst du nur zufrieden sein
Nicht mal glücklich
Nur in stillem Einklang
mit allem was geschieht
Ohne Einwände ohne Zittern

Deine Nichte ritzt sich die Beine blutig
und in der Ukraine bricht Krieg aus
Saharasand färbt dein Auto gelb
Saharahitze leckt deine scheue Haut

Eigentlich willst du nur die Mülltonne
rausstellen doch es zerrt an dir
Zitternde
wuchert wie es will

Du stehst unter dem weißen Mond
hebst deine Hände
lässt sie sinken
weißt nicht aufzulesen heimzuholen
all das

Wenn das Feuer eröffnet wird
ziehen sich Vögel ins Wäldchen zurück
rücken aneinander und schnäbeln
bis das Getöse abebbt und der Rauch
das Weite sucht

Ich lebe im Bombenhagel von Allem
Wohin ich auch sehe: lichterloh
Selbstverständliches versteht sich
nicht mehr
Holzgeländer baumeln
über den Rand der Bühne

Es brennt die Welt
und ich lauf mir davon

Im Wäldchen
rücken die Vögel zusammen
flöten mir zu:
Komm! Komm zu uns!

Was mich so unerwartet einlädt
und keinesfalls zulässt
dass meine Liebe zum Leben verbrennt

Mehrmals brannte meine Welt
verzehrte sich jedoch nicht
was ich kaum glauben konnte

Blieb und blieb
rollte Geröll spitze Steine hin und her
schnitt mich blutig und blutig

Ich schlug meine Augen auf
fand mich vor in all der Asche
verband mir meinen Körper

Man gab mir grünen Tee
auch Ingwer und Kurkuma
beschwichtigende Lächeln

Wenn Sirenen Probealarm hatten
stürzte ich in Höllen
als gäbe es die Welt nicht mehr

Doch sie blieb und blieb
schnitzte mir einen Stock aus Bambus
fädelte mir still ein Perlenarmband

III

Du bist eine Ouvertüre

Du bist eine Ouvertüre
öffnest mir deine Partitur
und in den Falten deines Gesichts
spielen die Klänge deines Lebens

Im Gartencafé summen
Stimmen der Gäste

Du ziehst deinen Hut in deine Stirn
verschattest dich
Doch deine schönen Lippen glühen

Mein Sein und dein Sein
in Zeit und Materie
geschehen zu gleicher Zeit

Wir überraschen uns
Wir sind mehrdeutig
Wir haben Geheimnisse

Deine Liebe verleiht mir Mut
in einer faulenden Welt
Ich will sie meiner Haut aufsprühen
bis sie mir in Fleisch und Blut
eingegangen ist
wie deine Worte am Küchentisch
deine zauberhaften Worte
die ich nie verlernen will

Es führen 100 Stufen zum Dom
und das Riesenrad macht kein Geräusch
In den Straßen sind Wasserwagen unterwegs
benetzen das trockene Kopfsteinpflaster
bei dieser kolossalen Hitze

Wir sitzen in einem Straßencafé
Wir sind verliebt und wie Raben
Unsere schwarze Kleidung hängt schwer
Unsere schwarzen Haare zwirbeln

Du hast eine miese Diagnose am Hals
und ich zahle alles komplett
Auch den Eisbecher
der dir vom Tisch gekippt ist
und unsere vielen
nicht mehr einzulösenden Sommer

Vom Verschwinden der Worte
und Klänge
über dem ausgetrockneten Land
mit dem Flussbett ohne Wasser
und dem schwarzen Geröll

Schwer atmen die Wolken
Schwer atmet der Wind

Weißt du noch
was du zu mir sagtest
ehe du verschwandst

Hell klangen deine Worte
als du mit ihnen abhobst
aus unserer Küche flogst
mich zurückließt
zwischen den Töpfen
dem Gemüse dem Besteck

Es wurde leise so leise
dass Stille hörbar wurde
im Knistern des welken Grases
im Zischeln der Silberdisteln

Untröstliches breitete sich aus
über dem Flussbett zwischen den Töpfen
kraftvoll und würdevoll

Noch immer so voll von Erinnerungen
dass keine Werbung der Supermärkte
in die Ikonographie von Museumsbesuchen
Atelierbildern und deine witzigen Worte passt

Ach Smalltalk und Plaudereien!
Es gibt Schöneres zu entdecken
Reichhaltigeres
Nachhaltigeres
in geöffneten Lebensspalten
mit quellendem Grundwasser
Selbst wenn es nur ein Tropfen ist
aus Inspiration und Humor

Ach wie gut dass du noch immer noch
in meinen Ikonographien umhergeisterst
so dreist so innig wie früher

Du sagst dass du nicht weißt
wie das ist
wenn du in deiner Mitte sitzt
Du sitzt in deiner Mitte
und weißt es nicht
Aber ich weiß es
und alle die dich kennen

Du läufst oft barfuß
mit offenem Haar
Dein Körper vertraut dir
mehr als den Schlagzeilen
gängiger Zeitungen
und wenn die Sonne
rot hinter Bäumen versinkt
vergisst du Zeit und Raum
und schaust

Du kannst dich einsammeln
in einem einzigen Moment
deine Wahrheit leben
in deinen luftigen Kleidern
und fürsorglich den Arm
um andere Schultern legen

Du bist in deiner Mitte
Vielleicht nennst du es
nur anders

Hab um dich gekämpft
als du im Gitterbett lagst
mit der letzten Chance
für deinen Entzug

Dein Zimmernachbar
hatte ein rotes Gesicht
das auf seinem Kopfkissen
wie eine dunkle Pfütze aussah
Er zauberte Gummibärchen
aus seiner Nachttischschublade
besaß kaum Zähne
nannte dich seinen besten Freund

Du erzähltest von einem Vietnamesen
mit dem du Heringe gegessen hast
von deinen Plänen
das Flughafengebäude umzubauen

Ihr beide konntet herzhaft lachen

Hab mit dir geredet
Hab mit dir aus dem Fenster
in die Bäume geschaut
Hab dir Gummibärchen gegeben
Hab dich auf die Stirn geküsst
Hab versucht mit dir zu lachen
Hab es nicht hingekriegt

Als ich ging riefst du *danke*
Dein Zimmernachbar auch
Auf dem Flur hörte ich euch
lautstark Lieder singen

Einfach so zu dir gekommen
Den Regenmantel locker überm Arm
Wir wussten nicht
was wir uns sagen sollten
weil wir nichts Überflüssiges
sagen wollten
Keine Rinnsale aus Lauten

Du schenktest Tee ein
Du stelltest Honig dazu
Du hattest wunderbare Augen
weil du dich übtest
Schönes zu sehen

Es war so minimalistisch
zwischen uns

Du blicktest auf den Tee
Du blicktest auf den Honig
Du blicktest mich an sprachst
Schön dass du da bist

Wir fahren aufs Land und sehen
den kleinen Teich zwischen den Binsen
Fern glänzt die Silhouette der Stadt

Wir haben uns viel zu sagen
und sagen nichts

Ich finde seltsam
dass das Entenpaar auf dem Teich
zur gleichen Zeit den Kopf
ins Wasser steckt

Du sagst *Schau dir das Entenpaar an*

Wir wissen nicht
ob wir das Gleiche denken

Als wir uns an den Händen fassen
ist das wie ein heimliches Band
und wir sind froh dass es das gibt
außerhalb von Floskeln
und ausgesprochenem Verlangen

Du wirst deutlich älter
du in deiner schönen Haut
und wenn du deine Hand
an meinen Nacken legst
spür ich dass ich leben
und ins Land gehen will
mit meinen vielen Jahren
und mit dir

Wir wissen nicht wohin
doch deine Hand
mit den getupften Altersflecken
verspricht mir Übermut

IV

Bin so

Bin so gern in meinem Schneckenhaus
und verlasse es nur zum Einkaufen
oder zum Bowlen in großer Gruppe
Und ja mein Garten fehlt mir
doch auf meinem Balkon blühen
inzwischen Ranunkeln und Rosen

Ich höre Rattern auf Schienen
wie das Rattern des Zuges
am Krankenhaus im letzten Jahr

Wie prägt sich Leben doch ein mit
wehenden Lauten triggert launisch
wie und wann es will

Bin so frei und zieh mich still
ins Schneckenhaus zurück
koch mir Hirse mit Aprikosen
setz mich zu Ranunkeln und Rosen
schau sie lange einfach an

Bin so einschläfrig wenn Regen
sich nicht entscheiden kann die Wolken
loszulassen und einfach zu fallen
Meine Güte als ob das so schwer wäre

Da hat mich doch auch niemand gefragt
ob ich meine Haltestangen aufgeben könnte
als ihr verstarbt
Nein das geschah einfach und es war lächerlich
einfach für mich aus allen Wolken zu fallen
Tat fast nicht weh

Bin so gelangweilt wenn Regen sich nicht traut
wenn die Luft wie eine graue Daunendecke
über den Tannen hängt reglos
und ich trommle mit den Fingerspitzen

Nachts stell ich mich in den Hinterhof
in den perlenden Sturzbach vom Himmel
öffne weit meinen Mund
trink mich froh an mutigen Tränen

Bin so schreckhaft im grünen Wald
dabei liebe ich doch den Harzgeruch
der Tannen das Moos die Wurzelhöhlen
vor allem den Bach mit der Holzbrücke
über nassen Trittsteinen

Bin so schreckhaft weil du mir einfällst
bei jedem Rascheln im Geäst
als wärst du wieder da
Es sammelt ein Kräuterweib Pflanzen
mit Heilkraft und blickt nicht hoch

Nein ich habe noch nie gestohlen nur
das rote Teufelchen im Supermarkt
brachte es zurück legte es an seinen Platz
Bin so frei und pirsch mich an den
Pflanzenkorb heran stibitz mir ein Kraut
nach dem anderen

Bin nun nicht mehr so schreckhaft weißt du
Bleib du in deinem Versteck
Ich komme klar
Ich springe über den Bach mit Schuhen
in den Händen wie wir damals
als ich noch wusste wo du dich rumtreibst
in deinem Leben

Bin so getränkt mit Tagträumen
und pulsierendem Techno im breiten
Flussbett aus Geröll und Gestein

Die Straßenbahn in Leipzig fuhr fünf
Stationen unter der heißen Sonne
mitten in Musik hinein
Ich denke dass Johannes Brahms
Clara Schumann geliebt hat
Möcht gern wissen
was sie in seiner Musik hörte

Im breiten Flussbett pfeifen kleine Vögel
pfeifen ein Lied von der Liebe und ich denke
dass sie viel Erfahrung haben wie es einem geht
wenn man fremdliebt in karger Landschaft

Bin so bewandert in meinen virtuellen
Tagträumen mit pulsierender Percussion
aus Mut und Scham

Bin so erlöst von den Zettelchen
die ihr mir zustecktet mit Nummern
eurer Haftanstalten und ich wählte mit
zuckenden Fingern diese Zahlen
Angst zu hören wie schlecht es euch ging

Als ich meine Taschen geleert hatte legte
ich meine Finger auf die Tasten des Klaviers
im Obergeschoss des Hotels Wir flogen
dahin wo ich wohne und es war so
aufgeräumt und freundlich und die Töne
gehörten zu mir wie die Linien meiner Hände

Bin nun so leicht in mir und bunte Farben
Kinderbilder strömen und der Zug rattert
und ich steige im Flussbett über Steine

Bin so bin ich
zwischen Rosen und Ranunkeln
erblüht

V

Der Fluss Die Stille

I

Der Fluss sah aus wie ein Band
das sich in der Abenddämmerung
durch die hellen Wiesen schlängelte

Du sagtest dass wir uns
nach einer Unterkunft umsehen müssten
ehe die Nacht hereinbricht

Plötzlich war das Firmament voller Sterne
Das ging schnell sagte ich
und wir beschlossen
im Auto zu übernachten
Wir klappten die Sitze zurück
öffneten die Fenster einen Spalt
erzählten von unseren Plänen

Irgendwann schliefst du ein
und die Nacht spazierte ins Auto
in ihrer kühlen dreisten Art
drehte an Knöpfen
hielt mich wach
war besitzergreifend schwer

Ich war allein auf der Welt
mit der Nacht und dem Fluss
und den unzähligen Sternen

Als wir am nächsten Morgen
die beschlagenen Fenster wischten
sahen Kühe ins Auto

2

Die Stille war ein weiter Mantel
in den ich mich kauerte und
seine samtigen Innenseiten strich

Du warst beschäftigt in deiner Art
mit Leerlauf umzugehen
Du säubertest die Ladefläche im Kofferraum
Du pfiffst ein Lied
wischtest dir mit dem Ärmel
den Schweiß von der Stirn

Es war Frühsommer
aber durchaus schon warm

Die Stille flüsterte mir Erinnerungen zu
die ich längst in den Fluss geworfen hatte
und ich wand mich in den nassen Bildern
voll Algen und toten silbernen Fischen
bis du riefst dass wir weiterfahren können

Was hast du gemacht fragtest du mich
Ich wusste es selbst nicht
faltete wortlos die Stille
legte sie unweit des Autos ins Gras
unter den kratzenden Busch
mit seinen schwarzen spitzen Dornen
Es war mir zum Weinen

3

Unsere seltsame Fahrt
führte uns an Stacheldraht vorbei
Auf einer grünen Anhöhe
sprachst du von deinen Baustellen

Kein Wind drehte
die Kelche der Blumen zu uns hin
so dass wir kaum Licht empfingen
und deine Worte klangen
wie schwere Baggerschaufeln

In der Ebene glitzerte der Fluss
mit unseren Plänen
Deine Hand war kalt
aber ich ließ sie nicht los
Schließlich zogst du dir Stille an
Ich hoffte dass sie dich beschütze

Wir fuhren weiter
ließen Stacheldraht hinter uns
Die Stadt leuchtete uns
mit weit geöffneten Augen entgegen
wollte alles wissen
war neugierig und unnachgiebig

4

In der U-Bahn sah ich Stille
im Gesicht der Frau am Fenster
Sie sah aus
als ob sie viel erfahren hätte
besaß eine gelbe Tasche
In ihrem Gesicht wohnte Frieden

Du hattest mal gesagt
dass der Frieden der Welt
in jedem Menschen begänne
In dieser Frau war das so

Frieden liebt Stille
und als wir uns ansahen
lächelte die Frau mir zu
Etwas verbündete sich in uns
und ich stieg aus

Weißt du wohin ich
mit dir nochmal fahren möchte?
Zum Fluss und diesmal anders
gewendet und gewappnet

VI

Einfallendes Licht

Im Mauerwerk wohnt Stillstand
Teelichter im Sand des Kerzenhalters
stechen ihre schwarzen Dochte in die Luft

Deckengemälde zeigen Florales
in pastellfarbener Manier
Ab und an ein mageres Tier

Beichtstühle aus dunklem Eichenholz
mit dunklen Samtvorhängen
Weihrauch

Du mit deinen nackten Füßen
auf den Bodenfliesen
Du mit dem Apfel in deiner Hand
Du mit deinem offenen Haar

So vital deine brennende Liebe
So vital deine leuchtenden Augen
So vital die Feuerzungen
deiner Gedanken deiner Gefühle

Du verlässt den Kirchenraum nicht
ehe du frischen Wind um die
runden Pfeiler gewunden hast
frischen Wind und blühendes Gebet

Mit dir zum allerletzten Mal
bei der kleinen Wallfahrtskapelle

Es war dein ernster Wunsch
Es war Herbst

Die Eisdiele war schon geschlossen
Ebenso der Laden mit Souvenirs

Wind stöberte im trockenen Laub
wirbelte kleine Äste um meine Schuhe
als ich auf dich wartete

Zugvögel flogen über den Kirchplatz

Ich dachte wo du wohl bleibst
Ich dachte dass du dich
auf deine große Reise vorbereitetest
Ich war aufgeregt für dich

Es öffnete sich die Tür
Komm sagtest du sanft *komm herein*

Als wir den Kirchplatz wieder betraten
hatte jemand das Laub zusammengefegt
Du wirktest aufgeräumt
Du nahmst meine Hand
Mehr war nicht nötig für dein Gepäck

Einfallendes Licht
fließt durch grünes Glas
auf die Holzbänke
auf den Mosaikboden
auf die Pfeiler und Säulen
fließt grün und verspielt und jung
in die Klosterkirche
Man könnte meinen es sänge

Du setzt dich
in eine Holzbank
Du lässt dich umhüllen
vom einfallenden Licht
Du gibst dich ihm hin
Es geht in dir auf

Du Gott bist ein Koan für mich
Weit mehr als ein Rätsel
Paradox und undurchsichtig

Doch wenn Du mich packst
vergess ich Dein Fremdsein

Pack mich mit Deinem Erbarmen!
Pack mich in Dein Erbarmen ein!
Verschon mich nicht mit Dir!

Selbst wenn
Erde und Himmel sich verschütteten
würd ich Dich suchen
Selbst wenn ich dabei
auf der Strecke bliebe
in Dir
Immer in Dir

Ach wenn die Nacht über den Tempelberg steigt
die goldene Kuppel glänzt und ich dort wäre

Er habe nicht mehr lange zu leben
sagte der junge Mann
Er schenkte mir die Postkarte
Er war dort gewesen

Ach wenn ich dort wäre
ich steckte meine Klagen
in die Klagemauer
würd mich dort niedersetzen

Er sprach leise
als ob er seine Stimme schonte
Er war nicht unglücklich
Seine Augen waren sanft und voll Licht

Nein er sei nicht zur Klagemauer gegangen
Er sei auf dem Tempelberg gewesen
hoch oben in der hellen Weite des Kosmos
mit seinem unglaublich glühenden Paradies

VII

Metamorphosen

Wie ich eine Libelle wurde

Über dem weiten See lag Abendnebel
Wasservögel zogen Spuren
auf dem silbergrauen Tuch

Wir standen in der Holzhütte
schauten aus der Fensteröffnung
mit unseren Ferngläsern
über Wasser und Schilf

Du stecktest dein Fernglas ein
stiegst die Stufen der Hütte hinab

In mir entflammte ungestümes Flattern
ein Mut ein Zögern eine Lust ein Lachen

Ich bestieg den Fenstersims
mit hellblauen durchsichtigen Flügeln
flog über den See
streifte Binsenköpfe weiches Schilf

Ich sah dich am Auto stehen
Du wirktest unruhig
liefst zur Hütte zurück
stelltest dich an die Fensteröffnung
suchtest mich mit bloßen Augen

Ich drehte noch ein paar Runden
trat neben dich

Wir standen Hand in Hand
Abendrot färbte den See violett
Ich war eine Libelle sagte ich leise
Weiß ich sagtest du

Wie ich ein Trampolin wurde

Welke Blätter rieselten von Bäumen
wie haltlose Gebete
Ich stand an einer Bushaltestelle
Es war schon etwas dunkel
Autolichter zischten durch Pfützen
und in den Geschäften brannten Lampen

Du sprachst mich an
mit einer Stimme wie von Käuzchen
so *uuuuu* so langgezogen so fliehend
Ich wollte dir nicht zuhören
doch das störte dich nicht
Du sprangst in mich ein
Ich federte dich zurück
Du ließt nicht von mir ab
Du sprachst *uuuu* so flehend
so übergriffig so todesmutig

Ich spürte dass du nicht bei dir warst
nicht anders konntest als deinen
kümmerlichen Rest
in mich hinein zu katapultieren

Im Bus noch hörte ich deine Stimme
dein *uuuu* und fuhr auf schmalem Grat
zwischen Abgrund und Gewissen
ins stille Dunkel der Nacht

Wie ich ein Kieselstein wurde

Zack und zack
Schlag auf Schlag
ohne das süße Singen einer Nachtigall
stattdessen Klagerufe der Käuzchen

Mönche vom Berg Athos
traten aus ihren Höhlen
bewarfen mich mit gefrorenem Weihrauch

Ach wie tief war ich mir weggerutscht
hatte meine weiche Seite
verkleistert
verklebt
versteinert
verkleinert
mich ins Bällebad meiner Ängste geworfen
ins turbulente Bällebad
mit seinen durchtriebenen Späßen

Lag im Schilfnetz eines Sees
Wellen schlugen über mir zusammen
Lag still
nichts störte mich
kein Fisch kein Frosch
kein Übergriff kein Sturm
kein Verlust kein Verrat

Rollte mich in mir zusammen
kühl und selbstvergessen
lange bange Zeit

Wie ich ein Fieberhäufchen wurde

Es kam in der Klinik über Nacht
mit solch heimtückischer Wucht
dass ich dachte
bei lebendigem Leibe zu verbrennen

Es hatte sich nicht angemeldet
schockte mit seinem Überfall
meinen Seelenfrieden

Ich trank und trank
spülte trockenes Laub aus mir heraus

Wenn ich nachts mein verschwitztes
Bettzeug gewechselt bekam
im Kühlen im Frischen im Trockenen lag
sank seine Macht

Irgendwann verließ mich das Fieber

Ich stellte mich ans offene Fenster
zog den würzigen Geruch von Erde
den Duft blühender Obstbäume ein
fühlte mich neugeboren

Wir halfen einander beim Tischdecken
Das werde ich nicht vergessen
Auch nicht das langgezogene Pfeifen des Zuges
und die heisere Männerstimme
die stundenlang *Mama Mama* rief
Nicht all die schmelzenden Schnittstellen
zwischen Verlorensein und Frühling

Wie ich ein Rabe wurde

Es war an einem Mittwoch
als ich meine bunten Federn verlor
wie du deine Haare in der Chemotherapie

Ich hatte dich nicht erkannt
als du neben der onkologischen Praxis
unter der Sommerlinde standst
Ich wollte dich abholen
Du warst so unbeschreiblich dünn
so unbehaust so fremd

Ich fasste dich am Arm fast so
als wollte ich dich festhalten
dabei ahnte ich dass du
bereits im stillen Aufbruch warst

Meine bunten Federn rieselten zur Erde
Wind pinselte wild darin herum
verwehte alles über Zäune aus Draht

Auf unserem Nachhauseweg
wuchsen mir dunkle Federn
und als du mir die Haustür aufhieltst
krächzte ich unverständlich rau
hüpfte schwarz und einsam
in unser Haus

Wie ich eine Einsiedlerin wurde

Meine Klause lag mitten im Wald
Das Wenige was ich brauchte
hatte ich hineingebracht

Mein Hund folgte mir auf Schritt und Tritt
schlief neben meinem Lager

An einem Morgen funkelte die Sonne
hell zwischen den Baumstämmen
Heute wollte Besuch kommen
Ich öffnete weit die Klausentür
backte Rosinenbrot kochte Tee

Ich erhielt gerne Besuch
teilte das was ich vom Wald
vom stillen Leben
vom Himmel mit seinen Ausschüttungen
verstanden hatte

Wenn Regen an meine Fenster klopfte
Sturm um die Holzbalken fegte
legte der Hund den Kopf auf meinen Fuß
Ich zog das Tuch um meine Schultern fester

VIII

Kartenhäuser bei Nacht

Es gilt vorsichtig zu gehen
um nicht anzustoßen
also nicht so luftfrei zu laufen
wie am Meeresstrand
mit seinem ungepflanzten Sand
den deine Zehen in alle Richtungen
verschieben können

Die papiernen Wände knistern
und wehe wenn du hustest
dann fallen sie in sich zusammen

Sie sind wichtig die Kartenhäuser
weil du sonst denken könntest
alles sei stabil in dir
und in der Welt da draußen

Ich sah jemanden hinter dem Küchenfenster
der Behindertenwerkstatt stehen
Er trug eine weiße Mütze aus Papier
Im Schein der Lampe winkte er mir
mit einem Schneebesen zu
Ich winkte zurück

Da war eine Heiterkeit zwischen uns
ein lautloses Lachen
ein Band ein Bund
schwer und leicht

Das Café war geschlossen
Im Schein des Mondlichts
sah ich Kuchenkarten auf den Tischchen
wie immer in Herzform
handschriftlich gestaltet

Du warst in meinem Traum
fragtest mich nach einem wichtigen Brief
in Stapeln von schmutziger Kleidung

Ich sortierte Pullover Hosen Strümpfe
spürte deine Ungeduld
Du lehntest am Türrahmen

Der Brief war unauffindbar
Du begannst selber zu suchen
Das kann doch nicht sein sagtest du

Das Deckenlicht flackerte
Ich dachte dass dies das Ende wäre
wir beide gleich begraben würden

Da hieltest du den Brief in den Händen
lachtest und es wurde Morgen

Deine Stimme klang noch lange in mir nach
Auch ein Knistern ein Wispern ein Rascheln
etwas tief Vertrautes im fragilen Kartenhaus

Deine Worte schmeichelten mir
deine schmeichelnden Worte
deine schmeichelnde Stimme
dein schmeichelnder Blick
ja auch dein schmeichelnder Blick
Alles von dir schmeichelte mir

Ich machte mir was vor
Oh so ungeübt im Vormachen
so dilettantisch so süß war ich
Machte mir vor dass ich schön sei
liebenswert und gescheit
Deine Schmeicheleien
machten mich so erfinderisch

Alles war jedoch haltlos und als
das Kartenhaus zusammenfiel
merkte ich es nicht einmal
lag verrenkt darunter
hustete
wusste lange nicht wie mir geschah

Im Zazen sitzen auf dem Sitzkissen
Stunde um Stunde reglos nebeneinander
Es schweigt der große Gong

Sich durchfließen lassen
sich leeren
Birnengärten verlassen
die breiten vollen Straßen Kyotos
steile Berghänge verlassen
Flusslandschaften mit kleinen Brücken
verlassen

Fallende Blätter
Fallende Tropfen
Fallende Nacht

Wind weht durchs Fenster ins Kartenhaus
eilt nicht jagt nicht bedroht nichts
besänftigt Atemstöße wenn sie
unruhig aus dem Takt gekommen
sich erinnern an Pläne und Zeit

Bin so gegen Mauern gerannt
Bin so widerständig gewesen gegen Vieles
was nicht zu ändern war
Hab bunte Federn gelassen
Hab dich vermisst mich vermisst

Bin so viel weicher geworden
so viel milder
zwischen Rosen und Ranunkeln
feiere mein Leben in Kartenhäusern

Durch tausend Blätter der Rotbuche
erzählt der Wind vom Werden und Vergehen
Der Hund legt seinen Kopf auf meinen Fuß

Hab Kartenhäuser der Nacht abgerungen
Hab sie ins nüchterne Tageslicht gestellt
Sie halten stand weil ich sie kenne
ihre Verletzbarkeit ihre Schatten liebe
und nun dort mein Wohnort ist

Weitere Bücher von Petra Fietzek bei Elsinor

daseinsprotokolle. lyrik. Coesfeld 2020

Mauerkind. Eine Kindheit in Westberlin (1963–1967). Coesfeld 2021